Meine schönsten

Wichtelbriefe

50 Wichtelbriefe für Kinder
ab dem Vorschulalter

Ein zauberhafter Begleiter
in der Vorweihnachtszeit

Meine schönsten Wichtelbriefe
Mira Enders

1. Auflage 2022

glueckskind-verlag.de

ISBN: 978-3-910277-20-5

Inhalt

Lieber Wichtelhelfer,

*d*anke, dass du dich entschieden hast, gemeinsam mit deinem Kind die Vorweihnachtszeit zu versüßen. Vielleicht kennst du noch das aufregende, zauberhafte Gefühl, welches die Weihnachtszeit mit sich bringt. Das Leuchten, der Glanz und der besondere Zauber, der Kinderaugen zum Strahlen bringt. Es ist die vorweihnachtliche Aufregung und es ist das Öffnen einer winzigen Überraschung, die jeden Morgen geöffnet wird, und die Zeit umso schneller verstreichen lässt. Auch ist es die Magie des Nicht-Sichtbaren, was Kinder in Aufregung versetzt. Der Weihnachtsmann, der irgendwo in der Ferne eure Geschenke herstellt und die Frage, ob dein Kind auch das bekommen wird, was es sich gewünscht hat. Es ist die Vorstellung davon, dass viele, viele Wichtel in der Weihnachtsmannfabrik stehen und fleißig entwerfen, zurechtmachen und verpacken. Auch der Gedanke an den Weihnachtsmann, der mit seinem Rentierschlitten all die Geschenke an die Kinder verteilt, wie er zum Kamin hineinrutscht oder auf anderem Wege ins Haus gelangt, ist für die Kinder eine magische Vorstellung. Wie wäre es, wenn die ersten magischen Elemente dich und dein Kind bereits in der Vorweihnachtszeit begleiten würden? Wäre es nicht wundervoll, wenn jeden Tag im Adventskalender ein kurzer Brief eines Wichtels bereits den Zauber in euer Haus brächte? Mit diesem Buch hast du alles, was du dazu brauchst. Denn hier liegt dir eine Auswahl vorgefertigter Briefe zum Abschreiben oder Ausschneiden bereits vor. Mit kleinen Anekdoten über die Arbeit in

Himmelpforten, mit achtsamen Rückfragen zur Vorweihnachtszeit und mit neckendem Schabernack ist hier alles vorbereitet, was deinem Kind und dir die Vorweihnachtszeit noch ein wenig magischer erscheinen lässt. Der erste Brief, in dem sich der Weihnachtswichtel vorstellt, ist festgelegt, alle anderen Briefe kannst du ganz praktisch nach eigenem Ermessen sortieren und auswählen. Weiterhin stehen euch Briefe für bestimmte Tage zur Verfügung, die ihr an den entsprechenden Daten nutzen könnt, jedoch nicht müsst. Die Länge der Briefe variiert hierbei, damit du die Chance hast, an den Wochentagen kürzere und an den Wochenenden längere Briefe und Aufgaben zu lesen und zu erfüllen. Wenn in den Briefen von Schabernack geschrieben wird, den euer kleiner Wichtelfreund angestellt hat, braucht dieser natürlich die Hilfe von dir und deinem Kind als Wichtelhelfer. Bereite hier gerne die kleinen, lustigen Streiche vor, die der Wichtel bereits gespielt hat, damit dein Kind Freude daran hat.

Fülle die schnelllebige Vorweihnachtszeit mit gemeinsamen Momenten der Pause und des Innehaltens. Atme zusammen mit deinem Kind tief durch und erkenne die Magie des Weihnachtsfestes in den Augen deines Kindes – Lasse dich von der kindlichen Vorfreude mitreißen und genieße eine Zeit voller Wunder und Liebe.

Auf diesem spannenden und wundervollen Weg sende ich euch wichtelige und zauberhafte Grüße.

Deine Mira Enders

Briefe

mit festgelegten Daten

1. Dezember

Mein lieber Menschenfreund,

ich möchte mich bei dir vorstellen. Ich bin dein neuer Weihnachtswichtel und meine Briefe an dich werden dich durch die ganze Weihnachtszeit begleiten. Um ganz nahe bei dir zu sein, habe ich mir in deinem Zuhause eine winzige Wichteltür gebaut. Dahinter lebe ich und schaue dir zu, was du in der Vorweihnachtszeit so alles tust. Doch auch, wenn du jeden Winkel deines Hauses absuchst, wirst du meine Wichteltür nicht entdecken. Schließlich weiß doch jeder, dass ein Wichtel für alle Menschenfreunde unsichtbar bleiben muss, nicht wahr? Dennoch weißt du, dass ich immer hier bei dir bin. Jeden Tag bin ich aber auch in Himmelpforten und mache meine Arbeit dort. Ich werde dir immer mal wieder erzählen, was in der Weihnachtsmannfabrik so alles vor sich geht. Ich werde dir schöne und spannende Weihnachtsaufgaben geben und dir Fragen stellen. Ich werde auch ein wenig Schabernack mit dir treiben, weil das die Weihnachtszeit doch gleich ein wenig süßer macht, nicht wahr? Und wenn du magst, treiben wir auch gemeinsam ein bisschen Schabernack. Mein großer Wichtelhelfer, der in diesem Moment an deiner Seite sitzt, wird meine Briefe mit dir gemeinsam lesen und mit dir besprechen. Dann ist es gleich doppelt schön. Ich wünsche dir jetzt erst einmal einen wunderschönen ersten Dezember und ich freue mich sehr auf unsere gemeinsame Zeit.

Dein Weihnachtswichtel

6. Dezember

Nikolaus

Mein lieber Menschenfreund,

da hat mich doch heute Morgen der Wichtelschreck getroffen. Mir war gar nicht klar, dass heute schon der sechste Dezember ist. Sind denn tatsächlich schon sechs Tage vergangen, seitdem ich dir meinen ersten Brief geschrieben habe? Doch es muss wirklich so sein. Denn als ich heute Morgen meine Wichtelstiefel anziehen wollte, die gerade einmal so groß sind, wie dein kleiner Finger, bin ich einfach nicht hineingekommen. Sie waren voller schöner kleiner Überraschungen. Ich habe kleine Obststückchen und etwas Schokolade gefunden. Tatsächlich muss wohl der Nikolaus hier gewesen sein. Wie war es bei dir? Hat er dich heute auch besucht? Vielleicht hast du ja gestern deine Stiefel blitzeblank geputzt und heute Morgen waren sie ebenso prall gefüllt wie meiner. Was für ein Glück, dass ich jeden Abend vor dem Schlafengehen meine Stiefel putze. Sonst hätte sie der Nikolaus vielleicht gar nicht gefunden, nicht wahr? Ich bin gespannt, wann du die Leckereien aus deinem Stiefel verputzt hast, und mache mich jetzt erstmal an ein leckeres Schoko-Obst-Frühstück. Den Rest des Tages werde ich mich dann vor lauter vollgefuttertem Bauch nur noch herumkugeln.
Bis morgen!

Dein Weihnachtswichtel

1. Advent

Mein lieber Menschenfreund,

es ist endlich so weit. Auf die Sonntage im Advent freue ich mich immer ganz besonders! Schließlich sind sie von Lichtern erfüllt, in manchen Häusern werden Adventslieder gesungen und man kann so richtig sehen, dass Weihnachten näher rückt. Heute darfst auch du mit deiner Familie die erste Kerze anzünden. Ich habe schon gesehen, dass eure Adventslichter ganz besonders schön sind. Als du nicht hingesehen hast, bin ich sogar an den Kerzen hinaufgekrabbelt und habe mir alles von oben angesehen. Wirklich wunderschön sieht es bei euch aus. Du darfst dir sicher sein, dass ich später, wenn ihr euer Licht entzündet, durch meine Wichteltür hindurchsehen und euch zuschauen werde – auch, wenn du mich nicht bemerkst. Doch jetzt muss ich erst einmal schnell nach Himmelpforten flitzen. Am ersten Adventssonntag erzählen wir uns dort nämlich immer gegenseitig, welche Adventsgestecke wir Wichtel in den Familien entdecken können. Das will ich natürlich nicht verpassen. Doch du kannst dir sicher sein, dass ich allen sagen werde, dass ihr die schönsten Lichter von allen habt. Also, bis später.

Dein Weihnachtswichtel

2. Advent

Advent, Advent, ein Lichtlein brennt. Erst eins, dann zwei...

Oh, hoppla. Da war ich so in mein Adventslied vertieft, dass ich gar nicht bemerkt habe, dass ich meinen Brief an dich schon schreibe.

Mein lieber Menschenfreund,

heute ist also schon der zweite Advent. Eine Woche ist vergangen, seitdem ihr das erste Licht angezündet habt und ich habe es in der letzten Woche einige Male leuchten sehen. Das ist ganz prima und auch in Himmelpforten hat das erste Licht jeden Tag für uns geleuchtet. Ich bin gespannt, ob die Kerze es bis Weihnachten durchhält. Aber ob du es glaubst oder nicht: Bisher ist sie noch nie vor dem Weihnachtsfest ganz heruntergebrannt. Also schafft sie es bestimmt auch in diesem Jahr. Und heute kommt ein weiterer Lichtfreund hinzu. Auch ihr werdet heute das zweite Licht entzünden. Ist es nicht spannend? Dann leuchten schon zwei der vier Lichter auf dem Adventsgesteck. Weihnachten ist damit noch ein Stückchen nähergerückt und ich spüre, wie es sich in meinem Bauch schon ein ganz klein wenig kribbelig anfühlt. Ich freue mich darauf, dir dabei zuzusehen, wie auch deine Weihnachtsvorfreude größer wird.

Dein Weihnachtswichtel

3. Advent

Mein lieber Menschenfreund,

wusstest du, dass Lichter uns Hoffnung schenken? Das ist ein bisschen so, wie wenn du abends in deinem Zimmer ein kleines Licht anschaltest, damit du beim Einschlafen etwas sehen kannst. Auch unsere Adventslichter geben uns Hoffnung. Vor über zweitausend Jahren soll nämlich ein ganz besonders heller Stern geleuchtet haben. Es war ein Stern, der allen Menschen gezeigt hat, dass bald etwas sehr, sehr Gutes geschehen wird. Es sollte nämlich ein ganz besonderes Kind geboren werden. Und dieses Kind sollte groß werden und auf die Menschen aufpassen. Es sollte kranke Menschen gesund machen und ihnen neue Hoffnung schenken. Ist das nicht magisch? Und der leuchtende Stern am Himmel hat schon vorher allen Menschen gezeigt, dass dieses Kind bald auf die Welt kommen würde. Schau dir doch auch dein drittes Adventslicht an, wenn ihr es heute entzündet. Fühlt es sich nicht wunderschön an, wenn es extra für dich leuchtet? Es ist hell und schön und schenkt auch dir Hoffnung. Es ist das Licht, das dir zeigt, dass das Weihnachtsfest immer näherrückt. Und das ist doch wirklich etwas ganz Besonderes, nicht wahr? Auch ich werde nun in meine Wichteltür zurückgehen und mir ein kleines Lichtchen anmachen. Denn auch ich möchte mich von der Schönheit des Lichts Hoffnung schenken lassen.
Bis morgen!

Dein Weihnachtswichtel

4. Advent

Mein lieber Menschenfreund,

endlich ist es so weit! Endlich wird heute auch das vierte Lichtlein auf deinem Adventsgesteck leuchten. Das bedeutet, dass
Weihnachten jetzt schon ganz, ganz nah dran ist. Bist du auch
schon so aufgeregt wie ich? Ich könnte den ganzen Tag über
zappeln, auf und ab hopsen und mich einfach nur freuen. Wie
ist es mit dir? Willst auch du ein bisschen zappeln? Ich stehe
gerade an meiner Wichteltür und sehe dir zu. Du brauchst dich
nicht umsehen, denn noch nie zuvor hat mich ein Menschenkind entdeckt. Dennoch würde ich gerne einmal sehen, wie
sehr du dich auf Weihnachten freust. Kannst du kurz für mich
zappeln und auf und ab hüpfen, um mir zu zeigen, wie groß
deine Freude ist? Und wenn du ganz fest die Ohren spitzt,
hörst du mich vielleicht ganz, ganz leise kichern, weil ich mich
gemeinsam mit dir freue. Das wäre doch wirklich schön.
Jetzt bin ich vor lauter Vorfreude aber wirklich spät dran. Ich
muss ratzfatz zu den anderen Wichteln, um ihnen zu erzählen,
wie sehr ich mich schon auf das Weihnachtsfest freue. Und wer
weiß: Vielleicht zeigen auch sie mir, wie aufgeregt sie sind?
Bis morgen!

Dein Weihnachtswichtel

Heiligabend

Mein lieber Menschenfreund,

ist es zu fassen? Endlich ist der Tag da, an dem ich sagen kann: FRÖHLICHE WEIHNACHTEN! In einem Moment war es noch der erste Advent und schon ist es Heiligabend. Bist du ganz genauso aufgeregt, wie ich es bin? Ich freue mich so sehr darauf, wenn ich eure leuchtenden Gesichter sehe. All die Arbeit, die wir Wichtel hatten, das Verteilen der Geschenke, aber auch die Momente, die wir mit euch gemeinsam genießen durften, haben sich gelohnt. Jetzt bin ich natürlich ganz gespannt, wie ihr das Weihnachtsfest heute miteinander verbringen werdet. Vielleicht lerne ich ja noch jemanden aus deiner Familie oder von deinen Freunden kennen, die ich noch nie gesehen habe. Ich werde jedenfalls hier sitzen, die Düfte des Essens einatmen, das Leuchten in euren Augen beobachten und den Tag genießen. Wir werden zusammen sein und uns liebhaben und uns freuen, dass heute Weihnachten ist. Auch du darfst dich schon jetzt freuen. Bestimmt kannst du es kaum erwarten, bis es dunkel wird und du deine Geschenke findest. Liegen sie bei dir unter dem Tannenbaum oder wo wirst du sie entdecken können? Und schaust du auch immer an Heiligabend zum dunklen Himmel hinauf in der Hoffnung, den Weihnachtsmann auf seinem Rentierschlitten zu sehen? So mache ich es zumindest immer. Und das ein oder andere Mal habe ich ihn sogar schon am Himmel entdeckt. Ich hoffe, du hast einen genauso schönen Weihnachtstag, wie ich ihn habe.

Ich wünsche dir heute eine ganz wunderschöne Zeit.

Dein Weihnachtswichtel

1. Weihnachtstag

Mein lieber Menschenfreund,

gestern war der Heilige Abend und ich habe beobachtet, wie du dich gefreut hast. Ich habe das Leuchten in deinen Augen gesehen und konnte vor lauter Freude nur auf und ab hüpfen. Ich habe auch gesehen, wie du gespielt hast und wie du dir das Essen hast schmecken lassen. Hat es sich für dich genauso besonders angefühlt, wie es für mich ausgesehen hat? Ich freue mich so sehr, dass du einen schönen Tag gehabt hast und ich habe auch gesehen, wie lieb du und deine Familie miteinander umgegangen seid. Manchmal ist es natürlich ein wenig hektisch gewesen – das ist es doch bei jedem Weihnachtsfest, nicht wahr? – doch die meiste Zeit über war es sehr schön und ruhig! Weißt du, jede Familie feiert Weihnachten auf ganz unterschiedliche Art und Weise. Ich habe schon Familien gesehen, die mit vielen, vielen Menschen gemeinsam gefeiert haben, andere Familien haben mit ganz wenigen Menschen beieinandergesessen. Es gab Familien, die zusammen einen Weihnachtsfilm gesehen haben, wieder andere haben gemeinsam gespielt. Alles, was eure Augen glänzen lässt, ist in Ordnung und ich werde, wenn ich nachher nach Himmelpforten reise, erzählen, was ich mit euch gemeinsam erleben durfte. Und darauf freue ich mich jetzt schon!

Dein Weihnachtswichtel

2. Weihnachtsfeiertag

Mein lieber Menschenfreund,

nun ist der zweite Weihnachtsfeiertag gekommen und ich sitze hier und schreibe meinen letzten Brief an dich. Ich bin ein wenig traurig, dass unsere gemeinsame Zeit nun endet. Doch ich bin auch glücklich über jeden Augenblick, den wir zusammen hatten. Wir hatten ganz wunderschöne gemeinsame Zeiten. Wir haben Schabernack getrieben und du hast mir Fragen beantwortet. Du hast einige Aufgaben für mich erfüllt und dir die Weihnachtszeit damit versüßt. Du bist ein wirklich ganz besonderes Menschenkind und ich bin dankbar, dass ich dich kennenlernen durfte. Ich bin glücklich, dass ich die Weihnachtszeit über bei dir sein durfte und ich werde dafür sorgen, dass du auch im nächsten Jahr wieder einen fleißigen, kleinen Wichtel an deiner Seite haben wirst, der dir seine Briefe schreibt und mit dem du ebenso viele schöne Dinge erleben darfst, wie ich in diesem Jahr mit dir.

Bleib, wie du bist, mein kleiner Menschenfreund! Denn du bist voller Wunder!

Dein Weihnachtswichtel

Briefe

mit Aufgaben

Mein lieber Menschenfreund,

heute Morgen bin ich wieder einmal zu Besuch in Himmelpforten gewesen. Da habe ich blitzschnell in die Weihnachtsmannfabrik hineingesehen und war bass erstaunt. Denn als ich mich zu allen Seiten umgesehen habe, habe ich erkannt, dass alle Wichtelchen wie verrückt durch die Gegend geflitzt sind. Sie sind umhergeirrt und einige von ihnen sind vor lauter Rennerei doch sogar zusammengestoßen. Manchmal geht alles doch wirklich wichtelig schnell und ich finde, dass wir da mal für Ruhe sorgen müssen. Vielleicht kennst du es auch, dass sich manchmal alles ganz hektisch anfühlt. Deshalb lass uns doch einmal gemeinsam ganz ruhig werden. Setzen wir uns hin und schließen zusammen die Augen. Wir werden ganz ruhig und haben nichts zu erledigen. Lass uns zusammen kurz darüber nachdenken, was wir uns wünschen. Wie stellst du dir dein Weihnachtsfest vor? Male es dir ganz genau aus, denn jetzt in diesem Moment hast du die Zeit dazu. Sprich gerne auch mit meinem großen Wichtelhelfer, der diesen Brief mit dir gemeinsam liest. Und wer weiß: Vielleicht hast du ja sogar einige Ideen, wie ihr das Weihnachtsfest dieses Jahr verbringen wollt.

Dein Weihnachtswichtel

Mein lieber Menschenfreund,

heute habe ich mir etwas ganz Besonderes für dich ausgedacht. Denn als ich heute Morgen durch die Weihnachtsmannfabrik gegangen bin, ist mir ein wundervoller Duft in die Nase geströmt. Ich kenne den Duft und er lässt mir immer und immer das Wasser im Mund zusammenlaufen. Die Weihnachtsfrau backt uns Wichteln nämlich manchmal leckere Kekse, die uns dabei helfen sollen, stark und kräftig zu bleiben, während wir die Weihnachtsgeschenke anfertigen. Heute hast du die Aufgabe, den gleichen Duft bei dir zu Hause einziehen zu lassen. Bitte den großen Wichtelhelfer, der an deiner Seite ist, mit dir zusammen leckere Weihnachtskekse zu backen. Vielleicht darfst du ja sogar zwischendurch vom Keksteig naschen? Aber achte gut auf deine Kekse. Denn wenn mir der Geruch warmer Kekse entgegenströmt, kann ich mich kaum zurückhalten. Wenn du besonders lieb bist, lege mir doch auch einen Keks auf ein kleines Tellerchen. Bis morgen früh habe ich ihn verputzt – du wirst schon sehen.

Dein Weihnachtswichtel

Mein lieber Menschenfreund,

ist dir schon einmal aufgefallen, dass zur Weihnachtszeit ganz besonders viele Lieder gesungen werden? Im
Radio hörst du viele kleine Glöckchen in den Liedern
und die Lieder klingen auch häufig ganz anders, als
die, die du sonst so hörst. Vielleicht singst du auch
Weihnachtslieder mit deiner Familie. Wir Weihnachtswichtel singen jedenfalls sehr viel in Himmelpforten.
„Süßer die Glocken nie klingen", „Stille Nacht, heilige
Nacht" und „Fröhliche Weihnacht überall" mag ich am
allerliebsten. Du kennst bestimmt auch einige Weihnachtslieder, nicht wahr? Lass uns doch gemeinsam eines singen. Sprich dich mit dem großen Wichtelhelfer
neben dir ab, welches Lied wir nun singen werden. Mir
ist das ganz wichtelig egal, denn ich kenne einfach jedes einzelne Weihnachtslied. Ich werde in meiner
Wichteltür stehen und ganz, ganz leise mit euch gemeinsam singen. Lass uns loslegen.

Dein Weihnachtswichtel

Mein lieber Menschenfreund,

Der noch vor sich hinträumt,

Weihnachten ist gut und schön,
das kann ja jedes Kind schon seh'n.
Mit Freude denken wir daran,
was Weihnachten uns bringen kann.
Wir hüpfen fröhlich ab und auf,
die ganze Nacht, am Tage auch.

Mein Wichtelfreund hat mich verhext,
mit meiner Sprache rumgekleckst.
Drum spreche ich nur noch im Reim,
vielleicht fällt dir ja auch was ein?
Denn sprechen kann ich erst dann richtig,
hör' gut zu, denn das ist wichtig:
Wenn du drei Reime sagen kannst
und den Zauber damit bannst.

Bitte hilf' und sprich im Reim,
drei Sätze, dir fällt schon was ein.

Dein Weihnachtswichtel
mit seinem Gedichtel

Mein lieber Menschenfreund,

gestern ist ein ganz wundervoller Duft durch Himmelpforten gezogen. Es ist ein Duft, den ich schon sehr gut kenne. Denn jedes Jahr backen der Weihnachtsmann und die Weihnachtsfrau ein riesiges Haus aus braunen Kuchen. Es ist ein Lebkuchenhaus und zuerst sieht es ganz dunkelbraun aus. Doch dann, wenn der Weihnachtsmann und die Weihnachtsfrau Zuckerguss und Süßigkeiten aufstellen, wird es kunterbunt. Denn jeder einzelne Weihnachtswichtel unterbricht seine Arbeit in der Weihnachtsmannfabrik und kommt herbeigestürmt. Wir alle schnappen uns blitzschnell weißen Zuckerguss und verteilen ihn über und über und über das Haus. Dann sieht es fast so aus, als wäre es in einen gewaltigen Schneesturm gekommen. Doch nicht lange: Denn ratzfatz schnappen wir uns all die Süßigkeiten und kleben sie an den Zuckerguss. Du kannst dir vorstellen, dass manche Süßigkeiten es nicht rechtzeitig schaffen, weil sie zwischendurch von uns verputzt werden. Aber das wissen der Weihnachtsmann und die Weihnachtsfrau natürlich und stellen immer einige Süßigkeiten zu viel hin. Am Schluss ist dann das ganze Lebkuchenhaus kunterbunt und vollkommen von Süßigkeiten bedeckt. Und wann immer wir daran vorbeigehen, dürfen wir uns eine kleine Süßigkeit abzupfen und naschen. Du kannst dir sicher vorstellen, dass bis zum Weihnachtfest alle Wichtel ganz besonders oft hier vorbeigehen, nicht wahr? Dieser Zauber soll auch in euer Haus einziehen. Schnappe dir heute den großen Wichtelhelfer und verziert gemeinsam ein Lebkuchenhaus. Ob ihr anschließend auch besonders oft daran vorbeigeht und euch flugs eine Süßigkeit abzupft? Ich werde es beobachten.

Dein Weihnachtswichtel

Mein lieber Menschenfreund,

bei uns in Himmelpforten ist heute ein riesiger, grüner Baum eingezogen. Jedes Jahr zu Weihnachten zieht ein solcher Baum bei uns ein. Er ist grün und es duftet ganz holzig und harzig. Kennst du auch den Duft des Tannenbaumes, wenn er zu euch hereinkommt? Doch, wie du es sicher weißt, fühlt der Baum sich bei euch drinnen am aller wohlsten, wenn er bunt geschmückt ist. Er möchte Lichter tragen und Weihnachtskugeln, vielleicht auch Zuckerstangen und Äpfel. Du kannst dir gar nicht vorstellen, wie viele Weihnachtsbäume ich schon gesehen habe. Sie alle waren unterschiedlich und etwas ganz, ganz Besonderes. Heute wird es Zeit, dass du mir zeigst, wie euer Weihnachtsbaum aussieht. Schnappt euch nachher alles, was ihr zum Schmücken braucht, und legt los. Ich werde in meiner Wichteltür stehen und euch beim Schmücken zusehen. Und heute Nacht, wenn ihr alle schlaft, werde ich mich an den Baum heranschleichen und ihn mir von ganz nahem ansehen. Ich werde bis zur Spitze hinaufklettern und jeden Winkel betrachten. Darauf freue ich mich jetzt schon, wie verrückt. Viel Spaß beim Baumschmücken und bis morgen!

Dein Weihnachtswichtel

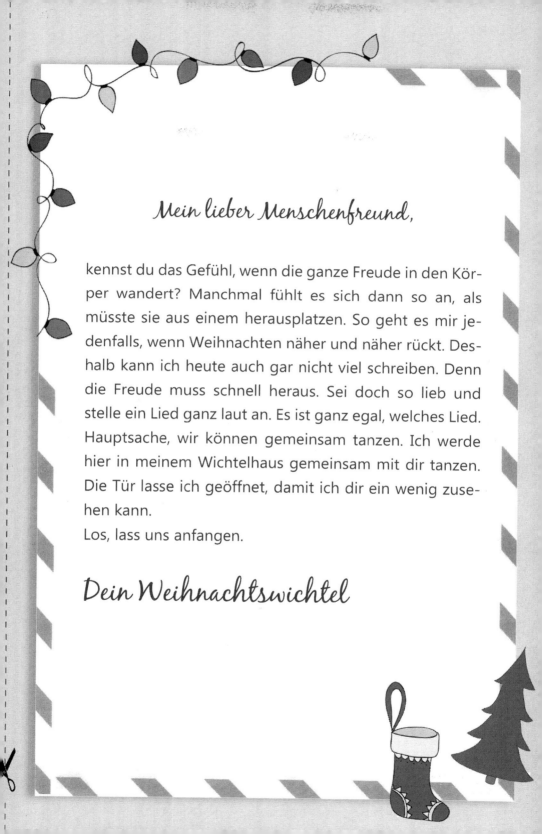

Mein lieber Menschenfreund,

kennst du das Gefühl, wenn die ganze Freude in den Körper wandert? Manchmal fühlt es sich dann so an, als
müsste sie aus einem herausplatzen. So geht es mir jedenfalls, wenn Weihnachten näher und näher rückt. Deshalb kann ich heute auch gar nicht viel schreiben. Denn
die Freude muss schnell heraus. Sei doch so lieb und
stelle ein Lied ganz laut an. Es ist ganz egal, welches Lied.
Hauptsache, wir können gemeinsam tanzen. Ich werde
hier in meinem Wichtelhaus gemeinsam mit dir tanzen.
Die Tür lasse ich geöffnet, damit ich dir ein wenig zusehen kann.
Los, lass uns anfangen.

Dein Weihnachtswichtel

Mein lieber Menschenfreund,

wusstest du, dass man Weihnachten auch als das „Fest der Liebe" bezeichnet? Das kommt daher, weil das Kind, was vor über zweitausend Jahren auf die Welt gekommen ist, viel, viel Liebe zu den Menschen gebracht hat. Es hat die armen Menschen versorgt, die Kranken gesund gemacht und dabei geholfen, dass die Menschen netter zueinander wurden und sich liebhatten. Es gibt viele, die ich auch liebhabe. Zum Beispiel habe ich den Weihnachtsmann sehr lieb, der mich behandelt, als wenn ich sein Kind wäre. Ich habe auch viele andere Wichtel lieb. Und ich habe jedes einzelne Kind lieb, bei dem ich in der Vorweihnachtszeit je gewesen bin. So habe ich auch dich schon ziemlich lieb. Nimm dir doch mit dem großen Wichtelhelfer an deiner Seite ein wenig Zeit und denke darüber nach, wen ihr so alles liebhabt. Sprecht kurz darüber, warum ihr diesen Menschen liebhabt, und vielleicht mögt ihr es dem Menschen ja auch selbst einmal wieder sagen? Weihnachten ist das Fest der Liebe. Und heute ist es eure Aufgabe, euch liebzuhaben. Und ich werde hier sein und auch dich liebhaben.

Dein Weihnachtswichtel

Mein liebes Menschenkind,

es sind schon einige Tage vergangen und die Tage bis Weihnachten sind immer, immer kürzer geworden. Ich habe dir auch schon einige Briefe geschrieben und dich gut beobachten können. Lass uns heute nur eine ganz kleine Aufgabe zusammen machen, okay? Lass uns doch gemeinsam abzählen, wie viele Tage es denn noch bis Weihnachten sind. Ganz bestimmt hast du einen Adventskalender, nicht wahr? Zähle doch zusammen mit dem großen Wichtelhelfer, wie viele Türchen du noch öffnen darfst, bis das Weihnachtsfest da ist. Ich stehe hier und zähle an meinen Fingern mit, damit wir auch ja keinen Fehler machen. Und morgen wird es schon wieder ein Tag weniger sein und dann noch einer und dann noch einer und dann... Aber nun: Lass uns anfangen.

Dein Weihnachtswichtel

Mein lieber Menschenfreund,

als ich heute Morgen meine Wichtelaugen aufgeschlagen habe, konnte ich es gar nicht glauben. Denn mein siebter Wichtelsinn hat mir verraten, dass ich blitzschnell zum Fenster laufen und nach draußen sehen soll. Also bin ich ratzfatz durch meine Wichteltür hinausgestürzt und zum Fenster gelaufen. Und genau, wie ich es vermutet habe, habe ich gesehen, dass der Boden über und über mit weißem Schneepulver bedeckt war. Du hast den Schnee ganz bestimmt auch schon entdeckt, richtig? Und dann kannst du dir sicher vorstellen, was deine heutige Weihnachtsaufgabe sein wird: Heute ist Schneezeit! Ziehe dich warm an und flitze nach draußen. Renne durch den Schnee, baue einen Schneemann, rodele einen Hügel hinunter, mache Schneeengel oder eine Schneeballschlacht. Alles, was Spaß macht, ist erlaubt. Ich war natürlich auch schon draußen und habe all das getan. Doch mach dir keine Mühe: Wichtelspuren kann man nicht im Schnee entdecken, weil sie dafür zu klein sind. Verschwende also keine Zeit mit der Spurensuche, sondern mache das, was dir gefällt. Und ich werde drinnen am Fenster sitzen. Ich werde einen heißen Kakao in der Hand halten und dir im Schneegestöber zusehen.

Dein Weihnachtswichtel

Mein lieber Menschenfreund,

in Himmelpforten herrschte heute ganz besonders reges Treiben. Und das nicht, weil alle Wichtel in der Weihnachtsmannfabrik an den Geschenken für die Kinder gearbeitet hätten, nein! Vielmehr haben wir Weihnachtswichtel heute Morgen unsere Arbeit unterbrochen und stattdessen ein anderes Geschenk hergestellt. Denn du musst wissen, dass auch der Weihnachtsmann und die Weihnachtsfrau jedes Jahr zu Weihnachten etwas Schönes bekommen. So setzen wir Wichtel uns immer schon im Morgengrauen zusammen und basteln schöne Dinge. Manche von uns basteln Tannenbäume, andere basteln Engel. Die ganz Kreativen von uns benutzen kein Papier, sondern Tannenzweige, Lametta oder Nüsse und basteln daraus etwas. Auch du sollst heute Zeit haben, um etwas Schönes zu basteln. Schnapp dir nachher, wenn ihr ein wenig Zeit habt, alles, was du zum Basteln verwenden möchtest. Vielleicht wird ja der große Wichtelhelfer, der auch jetzt neben dir sitzt, helfen und mit dir gemeinsam basteln? Oder aber, du bastelst etwas für ihn. Und wenn du fertig bist, könnt ihr dein Kunstwerk aufhängen oder hinlegen. Du darfst dir sicher sein, dass auch ich es ganz genau ansehen werde, wenn du nicht hinsiehst. Ich werde es bestaunen und in meinem Kopf abspeichern – ganz genauso, wie jedes Kunstwerk, dass ich bisher gesehen habe.

Dein Weihnachtswichtel

Mein lieber Menschenfreund,

als ich mich heute Nacht von Himmelpforten aus zu dir aufgemacht habe, um dich wieder einmal zu besuchen, ist mir aufgefallen, wie viele bunte und weiße Lichter die Häuser heller und schöner machen. Ich habe das Gefühl, das Leuchten in den Fenstern wird von Jahr zu Jahr mehr. Bestimmt gibt es einige Lichter, die auch dir ganz besonders gut gefallen, nicht wahr? Wenn du dich also heute Morgen auf den Weg machst – und ich bin mir sicher, dass es draußen noch dunkel sein wird, dann schaue dich doch einmal zu allen Seiten um. Zähle all die Lichterketten, die du siehst. Wie viele Lichter sind es insgesamt, wenn du ankommst? Vielleicht mögen auch deine Freunde in den nächsten Tagen einmal die Lichter zählen? Dann könnt ihr gemeinsam mit einem Erwachsenen zusammenrechnen, wie viele Lichterketten ihr gemeinsam entdecken konntet. Ich werde es heute Abend auch meinen Wichtelfreunden vorschlagen. Und ich bin gespannt, wie viele es in diesem Jahr sein werden. Im letzten Jahr haben alle Wichtel gemeinsam auf ihren Wegen von Himmelpforten bis zu den Häusern ihrer Kinder über fünftausend Lichter gezählt. Und ich denke, dieses Jahr werden es noch mehr. Aber keine Sorge: Unsere Wege sind weit und wir sind sehr, sehr viele Wichtel. Bei euch werden es bestimmt nicht so viele Lichter sein.
Ich bin gespannt!

Dein Weihnachtswichtel

Mein lieber Menschenfreund,

ist dir aufgefallen, wie bibberig kalt es geworden ist? Heute Morgen bei meinem Morgenspaziergang habe ich einen Schal getragen und meine Wichtelmütze bis tief in das Gesicht hineingezogen. Einmal bin ich aus Versehen glatt gegen eine Straßenlaterne gelaufen, weil mir meine Mütze doch glatt die Augen verdeckt hat. Das war natürlich keine gute Idee, weshalb ich sie direkt wieder ein Stückchen nach oben geschoben habe. Die eisige Kälte hat mein Gesicht ganz tiefgefroren und die Kälte ist sogar durch meine Handschuhe durchgekrochen und hat meine Hände ganz steif gemacht. Und natürlich wusste ich, dass da nur eines helfen konnte. Ich bin also nach meinem Spaziergang blitzschnell wieder ins Haus geflitzt, habe meine Mütze zurück auf meinen Kopf geschoben, den Schal abgenommen und die Handschuhe ausgezogen. Dann musste ich einige Minuten warten, damit dein muckeliges Haus mich vom Bibbern befreien und ich meine Hände wieder bewegen konnte. Und dann habe ich mir eine Milch warm gemacht und ein wenig Kakao hineingeschüttet. Du wirst es gar nicht merken, denn ich brauche so wenig, dass aus eurer Milch- und Kakaopackung fast nichts fehlt. Dann habe ich mich mit meinem warmen Kakao in meinen Sessel gekuschelt und ihn vor mich hingeschlürft. Ratzfatz war ich wieder aufgewärmt und sogar meine Nase ist jetzt nicht mehr so rot wie die von Rudolf, dem Rentier. Lass dir doch heute auch einmal einen warmen Kakao oder einen leckeren Tee machen, wenn du von draußen kommst. Du wirst merken, wie gut dir die Wärme tun wird. Und ich werde hier sitzen und dir zusehen, wie du langsam, ganz langsam wieder aufwärmst. Und aus der Ferne werde ich dir zuprosten.

Dein Weihnachtswichtel

Mein lieber Menschenfreund,

heute hat mein Weg von Himmelpforten zu dir ganz besonders lange gedauert. Zuerst musste ich einen Umweg machen, weil ein Baum meinen Weg versperrt hat. Der war gestern noch nicht da und ich glaube fast, dass es ein Weihnachtsbaum wird, der sich mir heute einfach in den Weg gelegt hat. Nun habe ich ja besonders kurze Beine, weshalb es bei mir ein wenig dauert, bis ich einen solchen Baum umrundet habe. Dann habe ich noch gesehen, dass der Winterbau eines Igels im Wind einige Ästchen verloren hat, weshalb ich schnell welche gesammelt habe, um den Bau wieder heil zu machen. Zuerst habe ich gedacht, dass ich mich wirklich sputen muss, damit ich es noch schaffe, deinen Brief zu schreiben. Aber dann habe ich gemerkt, wie gut es mir getan hat, mich in der Natur beim Spazieren umzusehen. Ich habe gesehen, dass einige Spuren im Wald waren – bestimmt Tiere, die aus ihrer Winterruhe aufgeschreckt sind und nach Futter gesucht haben. Ich habe mir den Mond am Himmel angesehen und versucht, ein Gesicht darin zu erkennen. Auch du solltest heute unbedingt nach draußen gehen. Und wenn du dich gut umsiehst, entdeckst du bestimmt auch etwas Schönes, was dir vorher noch gar nicht aufgefallen ist. Nimm dir doch später die Zeit, muckele dich warm ein und gehe – vielleicht auch gemeinsam mit dem Wichtelhelfer – nach draußen. Könnt ihr Dinge entdecken, die euch sonst, wenn ihr nur schnell dahin lauft, verborgen bleiben? Ich bin schon gespannt, was ihr so alles entdeckt.

Dein Weihnachtswichtel

Mein lieber Menschenfreund,

vielleicht hast du dieses Jahr dem Weihnachtsmann einen Wunschzettel zurechtgeklebt oder von dem großen Wichtelhelfer schreiben lassen? Oder du hast dem Wichtelhelfer erzählt, was du dir wünschst? Ich bin ein Geschenkehersteller- und Besuchswichtel, weshalb ich die Wunschzettel nie zu Gesicht bekomme. Deshalb weiß ich auch nicht genau, ob du einen geschrieben hast, oder nicht. Was ich aber weiß, ist, dass der Weihnachtsmann sich immer riesig über Post freut. Er macht sich so viel Mühe, euch allen zu Weihnachten die Geschenke zu bringen. Und auch die Wichtel geben sich mit jedem einzelnen Geschenk immer sehr viel Mühe. Was hältst du davon, wenn du dem Weihnachtsmann, der Weihnachtsfrau und den Wichteln in diesem Jahr eine Post zukommen lässt? Vielleicht magst du ein schönes Bild malen und es dem großen Wichtelhelfer geben? Und ich kann es dann mit nach Himmelpforten nehmen und allen dort zeigen. Ich bin mir ganz sicher, dass wir alle uns riesig freuen würden. Zücke dir doch deshalb nachher, wenn du eine freie Minute hast, dein Malpapier und einige Stifte und stelle etwas Schönes her. Lege es heute Abend zu deiner Haustür. Und wenn du morgen früh nachschaust, wird das Bild ganz bestimmt nicht mehr dort sein. Denn dann ist es in Himmelpforten und wir alle werden uns riesig darüber freuen. Klingt das gut? Und während du nachher dein Bild machst, werde ich in der Weihnachtsmannfabrik stehen und Geschenke herstellen. Und wer weiß – vielleicht arbeite ich in genau demselben Moment ja an deinem Geschenk...

Dein Weihnachtswichtel

Briefe

mit Schabernack und Wichtelzauber

Mein lieber Menschenfreund,

heute Nacht bin ich schon ganz fleißig gewesen. Denn wie du vielleicht weißt, muss jeder Weihnachtswichtel in der Vorweihnachtszeit ein wenig Schabernack treiben. Manchmal werde ich dich dazu einladen, mit mir gemeinsam Schabernack zu machen. Doch heute Morgen bist du dran, meinen kleinen Streich zu beseitigen. Ich habe nämlich entdeckt, dass du und deine Menschenfamilie einen ganzen Haufen Schuhe habt. Und dann ist mir aufgefallen, dass es ein „Haufen Schuhe" heißt und eure viel zu ordentlich dastanden. Deshalb habe ich tatsächlich einen Haufen daraus gemacht. Schau schnell nach. Schaffst du es, alle Schuhe aus dem Haufen wieder zu sortieren und zurechtzustellen? Ich bin schon ganz gespannt und sehe dir von meinem Wichtelhäuschen aus zu.

Dein Weihnachtswichtel

Mein lieber Menschenfreund,

heute hat es mir im wahrsten Sinne des Wortes die Sprache verschlagen. Der ganze Weihnachtszauber kehrt nach und nach immer mehr in Himmelpforten ein und es glitzert und glänzt an allen Ecken und Enden. Ich habe dagestanden und konnte nur noch wirres Zeug denken. Ich weiß nicht, ob ich überhaupt noch hätte sprechen können. Da ist mir die Idee zu meinem nächsten Schabernack gekommen. Werde auch du zum „Spracheverschlager". Siehe gleich den Wichtelhelfer an, der neben dir sitzt und blinzle ihm drei Mal zu. Ab dann kann niemand hier mehr ein einziges Wort herausbringen. Sprecht einige Minuten lang nur in der „Durcheinandersprache", wie ich. Nur der Wichtelhelfer kann eure Durcheinandersprache wieder auflösen, indem er dir mehrmals zublinzelt. Also, blinzle jetzt und sprich wie ich: Homilei heutidei hibbebibbe dingelidei. Schibernick sofollo wutz hudedurch bingur lidutz.

Deiniderder Weihnichtelei wichteridutz

Mein lieber Menschenfreund,

hast du heute schon einen Blick nach draußen geworfen? Ich jedenfalls habe einen spitzen Freudenschrei ausgestoßen, als ich gesehen habe, dass es heute geschneit hat. Darauf freue ich mich jedes Jahr zur Weihnachtszeit am allermeisten. Deshalb habe ich mir heute natürlich einen ganz besonderen kleinen Streich ausgedacht. Dein Wichtelhelfer liest dir zwar in diesem Moment meinen Brief vor, doch ich habe ihn verzaubert, sodass er am Ende nicht mehr weiß, was er gelesen hat. Wenn ihr gemeinsam nach draußen tretet, formst du einen Schneeball und lässt ihn durch die Luft sausen. Bewirf den großen Wichtelhelfer damit. Achte aber darauf, nicht mitten ins Gesicht zu werfen – denn das fühlt sich nicht besonders schön an. Ich stehe am Fenster und sehe euch beiden lachend zu, das kannst du mir glauben. Und mit den nächsten Worten hat der Wichtelhelfer meinen Brief vergessen.

Dein Weihnachtswichtel

Mein lieber Menschenfreund,

heute Nacht hat sich ein ganz besonders fieseliger Wichtel einen Scherz mit uns erlaubt. Diesen Scherz habe ich mir natürlich glatt gemerkt und ihn noch vor dem Schlafengehen selbst angewendet. Ich hoffe, du und deine Familie sind heute Morgen einige Minuten früher aufgestanden. Denn die Zeit werdet ihr brauchen. Praktischerweise tragen wir alle ja zu dieser kalten Jahreszeit warme Schals um unseren Hals. Doch heute Morgen hat sie wohl euer kleiner Weihnachtswichtel allesamt miteinander verknotet. Wie lange braucht ihr, um sie zu entknoten? Ich werde die Zeit mitzählen, während ich euch aus meinem Versteck heraus beobachte, da kannst du dir sicher sein!

Dein Weihnachtswichtel

Mein lieber Menschenfreund,

gestern ist mir aufgefallen, dass ich überhaupt noch nicht gerodelt bin in diesem Jahr. Und weil man ja nie ganz genau wissen kann, ob es noch einmal schneit, habe ich mich entschlossen, mir meine eigene Schneebahn zu entwerfen. Ratzfatz bin ich in dein Bad hinein und habe mich zu schaffen gemacht. Leider bin ich so lange auf meiner Schlittenbahn aus Klopapier gerodelt, dass ich es nicht mehr geschafft habe, es aufzurollen. Aber ich bin mir sicher, dass du es noch kurz schaffen kannst. Ich werde in der Zeit ein bisschen vom Schlittenfahren träumen. Danke dir, mein treuer Menschenfreund!

Dein Weihnachtswichtel

Mein lieber Menschenfreund,

heute Nacht habe ich eine richtige Party gefeiert. Schließlich ist bald Weihnachten und das muss doch gefeiert werden, nicht wahr? Aber zu einer Party gehören natürlich auch Gäste. Deshalb habe ich mir einige deiner Spielkameraden eingeladen und mit ihnen zusammen gefeiert. Du wirst sicher schon gesehen haben, dass deine Kuscheltiere hintereinander aufgereiht in deinem Zimmer waren. Ganz plötzlich warst du nämlich wach und weil niemand entdecken durfte, dass wir eine Party gemacht haben, sind deine Kuscheltiere einfach dort geblieben, wo sie waren. Vielleicht hast du diese Kuscheltiere ja schon wieder zurück an den Platz gebracht, an den sie gehören? Doch drei weitere Tiere hast du noch nicht zurückgebracht, denn sie haben sich im ganzen Haus versteckt. Kannst du sie finden? Ich werde dir beim Suchen zusehen.

Dein Weihnachtswichtel

Mein lieber Menschenfreund,

gestern Abend habe ich gemerkt, dass ich meine Zahnbürste in Himmelpforten vergessen habe. Ich habe mir gedacht, dass es dir bestimmt nichts ausmacht, wenn ich deine Zahnbürste benutze. Ich habe meine Zahncreme darauf verteilt und dann kam eine Nachricht aus Himmelpforten, dass ich blitzschnell hinkommen soll. Ein Weihnachtsgeschenk war verloren gegangen und wir mussten die halbe Nacht lang suchen. Während der Suche habe ich dem Weihnachtsmann davon erzählt, dass meine Zahncreme schon auf deiner Bürste wartet. Er hat mich ziemlich erstaunt angesehen und meinte, dass ihr im Normalfall jedoch weiße Zahnpasta benutzt und nicht wie wir eine leckere Schokocreme. Nun denn: Zum Zähneputzen bin ich leider nicht mehr gekommen und deshalb ist die Schokocreme noch auf deiner Zahnbürste. Aber nicht vergessen: Nachdem du die Schokocreme abgeschleckt hast, solltest du dir unbedingt die Zähne putzen.

Dein Weihnachtswichtel

Mein lieber Menschenfreund,

du kannst dir bestimmt denken, wie sehr ich die Kerzen auf dem Adventsgesteck liebe, nicht wahr? Sie leuchten immer so wunderschön und ich kann mich an dem schönen Geflackere gar nicht sattsehen. Und noch während ich diesen Brief schreibe, muss ich lachen! Denn der Gedanke daran, wie dein Gesicht gleich aussieht, wenn du entdeckst, welchen Schabernack ich heute Nacht getrieben habe, erfreut mich jetzt schon! Flitze also los zu eurem Adventsgesteck und schau nach, was da passiert ist. Und übrigens: Wenn ich deinen Gesichtsausdruck gesehen habe, darfst du die Möhrchen wieder zurück zu den Vorräten legen. Der große Wichtelhelfer sagt dir dann, wo ich die echten Kerzen versteckt habe.

Dein Weihnachtswichtel

Mein lieber Menschenfreund,

heute Nacht war ich fuchsteufelswild. Denn da hat doch tatsächlich ein Wichtel zu mir gesagt, dass mein Päck-chen aussehen würde, wie ein einziges Durcheinander. Doch das habe ich nicht auf mir sitzenlassen, da kannst du mal ganz sicher sein. Natürlich musste ich ein wenig üben und ich hoffe, dich und den großen Wichtelhelfer stört es nicht, dass ich die Klobürste, das Klopapier, den Wasserhahn und den Duschkopf eingepackt habe. Aber du musst zugeben: Das war die Arbeit eines wahren Meisters, oder etwa nicht? Achja, und danke, dass du es für mich wieder auspackst. Schließlich musste ich es dich ja erstmal sehen lassen, bevor ich alles wieder auf-räume...

Dein Weihnachtswichtel

Mein lieber Menschenfreund,

ich habe mir gedacht, dass auch du heute einmal Schabernack treiben sollst. Schließlich habe ich dir bis jetzt den einen oder anderen Streich gespielt, nicht wahr? Heute habe ich ziemlich viel in Himmelpforten zu tun, weshalb ich dich bei deinem Streich nicht beobachten kann. Verstecke doch einmal alle Löffel an unterschiedlichen Orten. Und morgen kannst du dann kontrollieren, ob ich sie alle gefunden habe. Klingt das nach einem guten Plan? Ich bin gespannt, wie viel Arbeit heute Nacht, wenn du schläfst, auf mich zukommt, und freue mich schon darauf.

Dein Weihnachtswichtel

Mein lieber Menschenfreund,

Heute habe ich einen Schneemann gebaut. Und wenn du jetzt nach draußen siehst und weder Schnee noch Schneemann finden kannst, dann liegst du damit vollkommen richtig. Doch ich wollte dir unbedingt zeigen, dass es für einen Schneemann keinen Schnee braucht. Schaue doch ratzfatz mal in dein Wohnzimmer. Siehst du den Schneemann, der sich vor dir auftürmt? Nein? Das ist ganz bestimmt kein Stapel aus aufeinandergebauten Klorollen, auf die Augen und Nase aus Papier geklebt sind! Das ist ein echter Schneemann, der darauf wartet, einen Freund zu bekommen. Wenn du also Zeit hast, baue doch einen weiteren Schneemann neben ihn. Er wird sich über ein bisschen Gesellschaft freuen! Und ich werde mich freuen, dir heimlich beim Bauen zuzusehen.

Dein Weihnachtswichtel

Den Hinweis bitte ausschneiden!

Hinweis an die Wichtelhelfer: In diesem Fall wird das Bild des Weihnachtssterns bitte gegen einen echten Weihnachtsstern ausgetauscht, während das Kind in der Schule/im Kindergarten ist.

Mein lieber Menschenfreund,

heute möchte ich dich mit einem wundervollen Wichtelzauber überraschen. Dafür brauche ich jedoch unbedingt
deine Hilfe. Kannst du dir schnell ein Blatt Papier und einige Stifte schnappen? Male doch bitte einen Weihnachtsstern für mich auf. Ich würde mich so sehr über ein
Bild von dir freuen. Wenn du nachher nach Hause
kommst, wird eine kleine Überraschung auf dich warten.
Du darfst gespannt sein.

Dein Weihnachtswichtel

Den Hinweis bitte ausschneiden!

*Hinweis an die Wichtelhelfer: Hier verwandelt sich die echte Banane in
Bananenchips. Bitte hierfür die echte Banane entfernen und die Bananenchips in einem Schüsselchen bereitstellen.*

Mein lieber Menschenfreund,

ich habe die ganze, lange Nacht gearbeitet. Zum Essen blieb da rein gar keine Zeit. Kannst du so lieb sein und mir einen großen Gefallen tun? Lege doch bitte eine Banane auf den Boden, damit ich sie verputzen kann, wenn du unterwegs bist. Das wäre wirklich ganz fantastisch und sehr lieb von dir! Ich werde dich dafür auch überraschen, wenn du wieder zu Hause bist.

Dein Weihnachtswichtel

Den Hinweis bitte ausschneiden!

Hinweis an den Wichtelhelfer: An diesem Abend pflanzt du die Samen gemeinsam mit deinem Kind in einen Blumentopf. Die Lollys „wachsen" dann in der Nacht heraus und können morgen früh von deinem Kind gefunden werden. Stecke dafür einfach heute Abend, wenn dein Kind schläft, in die Erde hinein.

Mein lieber Menschenfreund,

heute habe ich wieder etwas Schönes für dich vorbereitet. Ist dir vielleicht nach ein wenig Wichtelmagie? Ich werde dir heute Abend einen Blumentopf mit ein wenig Blumenerde hinstellen. Die Samen darfst du dann vorsichtig in die Erde hineindrücken. Doch du musst wissen, dass es sich um Zaubersamen handelt. Wenn du morgen früh aufwachst, darfst du nach deinem Blumentopf sehen. Und ich bin mir ganz sicher, dass du eine schöne Überraschung erleben wirst. Ich bin schon gespannt, wie du sie findest und freue mich auf deine Augen morgen.

Dein Weihnachtswichtel

Den Hinweis bitte ausschneiden!

An den Wichtelhelfer: Bei diesem Wichtelzauber wird es besonders. Hierfür suche bitte einige Fotos deiner Familie heraus, wenn dein Kind den Brief gelesen hat. Drucke dieselben Fotos ohne das Kind in einem kleinen Format aus und schreibe ein Minibriefchen mit dem Wort „Danke". Abends kann dein Kind die Fotos auf Bitten des Wichtels hinlegen, am nächsten Tag wird es die Fotos vorfinden, als hätte der Wichtel sie klein gezaubert, um sie mit in sein Wichtelhäuschen zu nehmen. Anschließend hätte er sie dann mit dem Brief mit dem Wort „Danke" wieder hinausgeschoben. Hierfür lege einfach den kleinen Brief und die Minibilder an dieselbe Stelle, an der du die Fotos gemeinsam abgelegt hast.

Mein lieber Menschenfreund,

nun habe ich dich und deine Familie schon eine ganze Weile lang beobachten können. Da wir Wichtel aber grundsätzlich nicht so gut im Hellen sehen können, würde ich euch gerne noch einmal von ganz Nahem betrachten. Du weißt ja aber, dass Menschenkinder ihre Wichtel niemals sehen dürfen. Deshalb brauche ich deine Hilfe. Kannst du bitte heute Abend Fotos von dir und deiner Familie auf den Boden legen? Ich werde sie mir heute Nacht mit durch meine Wichteltür nehmen und sie ganz genau ansehen. Du glaubst, das werde ich nicht schaffen, weil meine Wichteltür doch viel zu klein ist? Dann lass' dich überraschen.

Dein Weihnachtswichtel

Den Hinweis bitte ausschneiden!

An den Wichtelhelfer: Bei diesem Wichtelzauber musst du bitte ein kleines Wichtelbild malen. Es darf in einem kleinen Format gemalt werden, als hätte der Wichtel es selbst gemalt. Heute Abend werden die Materialien zurechtgelegt, die der Wichtel nutzt, das Bild wird morgen früh an dieselbe Stelle gelegt.

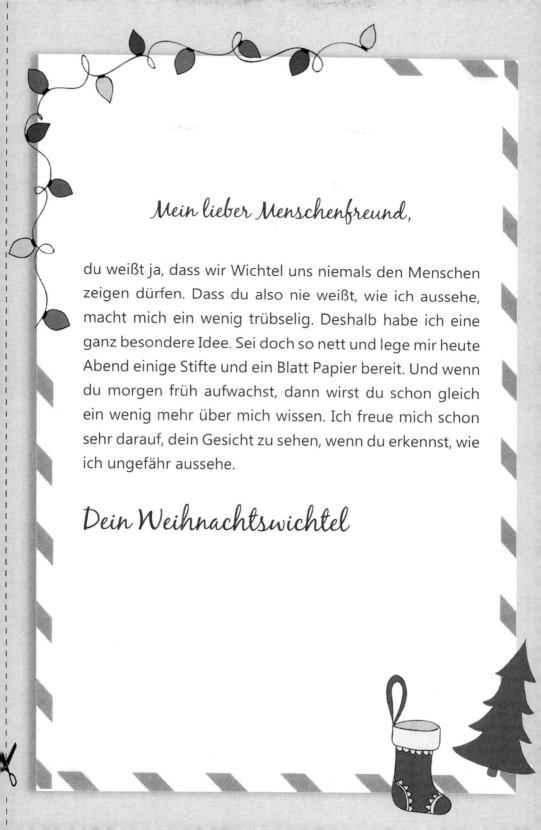

Mein lieber Menschenfreund,

du weißt ja, dass wir Wichtel uns niemals den Menschen zeigen dürfen. Dass du also nie weißt, wie ich aussehe, macht mich ein wenig trübselig. Deshalb habe ich eine ganz besondere Idee. Sei doch so nett und lege mir heute Abend einige Stifte und ein Blatt Papier bereit. Und wenn du morgen früh aufwachst, dann wirst du schon gleich ein wenig mehr über mich wissen. Ich freue mich schon sehr darauf, dein Gesicht zu sehen, wenn du erkennst, wie ich ungefähr aussehe.

Dein Weihnachtswichtel

Briefe

mit Achtsamkeitsfragen

Mein lieber Menschenfreund,

heute ist mir etwas ganz Außergewöhnliches passiert. Zuerst habe ich ein Wichtelauge aufgeschlagen und dann das Zweite. Und in meinem Bauch hat sich plötzlich alles ganz kribbelig angefühlt. Im ersten Moment dachte ich, ich hätte Hunger, doch dann habe ich gemerkt, dass es ein anderes Kribbeln war. Ich habe den Mund geöffnet und in den Spiegel gesehen. Es hätte mich nicht gewundert, wenn Schmetterlinge herausgeflogen wären. Auch jetzt ist es in meinem Bauch noch vollkommen kribbelig. Kennst auch du das Gefühl, wenn es in deinem Bauch kribbelt und trotzdem kein Hunger ist? Wie fühlt sich das für dich an? Hast du eine Idee, was es mit diesem magischen Kribbeln auf sich hat? Vielleicht kannst du mit meinem Wichtelhelfer, der hier neben dir sitzt, darüber sprechen. Du kannst dir sicher sein, dass ich in meinem kleinen Wichtelhäuschen sitze, und dir zuhöre. Und dann weiß auch ich, was es mit dieser Kribbelei auf sich hat.

Dein Weihnachtswichtel

Mein lieber Menschenfreund,

ein weiterer Tag im Dezember ist vergangen und Weihnachten ist ein klein wenig näher gerückt. Auch in Himmelpforten stehen wir Wichtelchen bereits in den Startlöchern. Du darfst mir glauben, dass wir so richtig gut vorankommen. Heute habe ich festgestellt, dass ich so richtig stolz auf mich war. Denn heute habe ich ein wunderschönes Geschenk fertiggestellt. So gut ist mir das vorher noch nie gelungen. Bist auch du manchmal ganz besonders stolz auf dich? Wie fühlt es sich an, wenn du etwas geschafft hast, was dir vorher noch nie gelungen ist? Vielleicht magst du meinem großen Wichtelhelfer davon erzählen? Und vielleicht mag auch er dir sagen, worauf er besonders stolz ist? Ich bin hier in meinem Wichtelhäuschen und höre dir aufmerksam zu. Denn auch ich freue mich ganz doll darüber, wenn du stolz auf dich selbst bist.

Dein Weihnachtswichtel

Mein lieber Menschenfreund,

heute ganz früh am Morgen bin ich meinen Weg von Himmelpforten zu dir entlanggewandert und da ist mir etwas aufgefallen. Ich habe nämlich gespürt, dass die vielen Lichter, die die Häuser im Moment schmücken, mich richtig glücklich gemacht haben. Irgendwie haben sie mir gezeigt, dass sich gerade ganz viele Menschen darauf freuen, dass bald Weihnachten ist. Und das ist doch etwas sehr Schönes, oder? Findest du es nicht auch schön, zu sehen, dass sich die Kinder um dich herum auch auf Weihnachten freuen? Frage dich doch einmal selbst, worauf du dich am meisten freust? Was kommt dir als Erstes in den Sinn, wenn du daran denkst, dass bald Weihnachten ist? Vielleicht magst du es ja auch dem Wichtelhelfer neben dir erzählen oder anderen Kindern, denen du heute begegnest? Frage doch auch sie, worauf sie sich am meisten freuen. Und ich werde lauschen. Denn ich bin schon ganz gespannt, zu erfahren, worin die Weihnachtsfreude eigentlich steckt.

Dein Weihnachtswichtel

Mein lieber Menschenfreund,

heute gab es in der Weihnachtsmannfabrik einen Streit. Das war so gar nicht schön. Einem Wichtel ist das fertige Geschenk eines anderen Wichtels heruntergefallen. Du kannst gar nicht glauben, wie wütend der andere gewesen ist. Er ist puterrot angelaufen und hat mit seinen Stiefeln so sehr aufgestampft, dass ich dachte, die Erde würde beben. Doch zum Glück ist die Weihnachtsfrau vom Lärm aufgeschreckt zu uns gerannt und hat eine Lösung gefunden. Die Wichtel haben sich entschuldigt und verabredet, dass sie gemeinsam das kaputte Geschenk reparieren werden. Wusstest du, dass Weihnachten auch das Fest der Vergebung ist? Wenn wir uns gestritten haben, sollten wir versuchen, uns zu verzeihen und wieder zueinander zu finden. Du hattest doch bestimmt auch schon einmal Streit und hast dich dann wieder vertragen, richtig? Erinnerst du dich, wie schön es sich angefühlt hat, sich wieder zu vertragen? Erzähle doch dem Wichtelhelfer davon. Bestimmt kann auch er dir erzählen, wie er sich fühlt, wenn er sich mit jemandem verträgt. Und ich werde zuhören und unseren Streithammeln von heute Nacht davon erzählen. Dann fühlen sie sich bestimmt auch gleich noch ein wenig besser.

Dein Weihnachtswichtel

Mein lieber Menschenfreund,

es ist gar nicht mehr lange hin, bis das Weihnachtsfest endlich da ist. Bestimmt hast du auf deinem Adventskalender schon die Tage abgezählt, nicht wahr? Dann weißt du ganz sicher, wie oft du noch schlafen musst, bis es endlich so weit ist, richtig? Auch ich zähle jeden Morgen nach, wie viele Tage es noch bis Weihnachten sind. Schließlich darf unterwegs auf keinen Fall aus Versehen ein Tag verlorengehen oder plötzlich hinzukommen. Wie geht es dir, wenn du die wenigen Tage bis Weihnachten abzählst? Wirst du mit jedem Tag ein wenig aufgeregter? Oder ist das Gefühl von gestern zu heute gleichgeblieben? Erzähle doch einmal ein wenig, wie sich deine Freude anfühlt und wo genau du sie im Körper spüren kannst. Ich werde wieder einmal aufmerksam lauschen und versuchen, die Freude ganz genauso zu fühlen, wie du, damit wir sie uns teilen können.

Dein Weihnachtswichtel

Mein lieber Menschenfreund,

als ich heute in der Weihnachtsmannfabrik gearbeitet habe, habe ich mich einmal ganz genau umgesehen. Da ist mir doch glatt aufgefallen, dass ich viel Weihnachtsschmuck, den die Weihnachtsfrau verteilt hat, noch gar nicht so richtig gesehen habe. An der Wand hängt zum Beispiel ein leuchtender Rentierschlitten und ganz genau über unseren Körpern leuchten die Kronleuchter in allen möglichen Farben. Ist dir das auch schonmal passiert, dass sich zwar um dich herum etwas verändert, du es aber erst ganz spät mitbekommst? Ich habe mir prompt die Zeit genommen, mich einmal ganz bewusst umzuschauen. Ich habe mir alles genau angesehen und mich gefragt, was mir eigentlich am besten gefällt. Am Schluss habe ich mich entschieden, dass ich das Foto, welches den Weihnachtsmann, die Weihnachtsfrau, die Rentiere und die Wichtel zeigt und welches von einem großen goldenen Rahmen gerahmt wird, am schönsten finde. Bei dir Zuhause gibt es doch bestimmt auch einiges, was dir ganz besonders gut gefällt, nicht wahr? Sieh' dich doch einmal um. Was ist es, was du besonders schön findest? Kannst du es dem Wichtelhelfer neben dir erzählen? Du darfst dir gewiss sein, dass auch ich die Ohren spitzen und lauschen werde. Ich warte schon ganz gespannt.

Dein Weihnachtswichtel

Mein lieber Menschenfreund,

heute Morgen bin ich gar nicht aus dem Bett gekommen. Ich habe so lange in der Weihnachtsmannfabrik gearbeitet, dass ich kaum zwei Stunden in meinem muckeligen Bett bei dir Zuhause geschlafen habe. Vielleicht bist auch du manchmal ein klein wenig müde. Dann könntest du einfach wie jetzt in der Winterzeit nach draußen gehen und den Kopf in den Schnee stecken – oder eben ins kalte Gras, wenn es noch nicht geschneit hat. Oder aber du machst das, was ich heute Morgen gemacht habe. Strecke doch mal deine Arme ganz hoch in die Luft und balle deine Hände zu Fäusten. Schüttle dabei deine Beine aus. Fühlst du, wie sich dein Körper gleich verändert? Ganz bestimmt fühlt er sich direkt ein wenig fitter, nicht wahr? Merke dir doch diese kleine Übung. Sie kann dir auch in den nächsten Tagen wieder nützlich sein – vor allem, wenn du nachts vor lauter Aufregung nicht einschlafen kannst und dann am nächsten Morgen ganz besonders müde erwachst.

Dein Weihnachtswichtel

Mein lieber Menschenfreund,

kennst du das Gefühl, wenn alles um dich herum laut und unruhig ist? Manchmal vergessen wir, dass die Weihnachtszeit eigentlich schön ruhig sein sollte. Dann wird es schnell hektisch und laut. Auch in der Weihnachtsmannfabrik war es heute ganz schön trubelig. Ich wusste gar nicht, wo ich zuerst hinsehen sollte, meine Ohren waren genauso klingelig, wie die vielen Glöckchen, die überall herumhängen und meine Gedanken sind ratzfatz durch die Gegend geflitzt. Kennst du das Gefühl, wenn sich die Welt um dich herum irgendwie zu schnell zu drehen scheint? Manchmal hetzen alle um dich herum und du würdest lieber ein wenig Zeit mit ihnen verbringen, richtig? Sag doch dem großen Wichtelhelfer neben dir mal, wenn du das Gefühl hast, dass er zu schnell unterwegs ist. Sage ihm, dass du gerne ein bisschen Zeit mit ihm verbringen würdest und ob du einen Platz in seinen Plänen finden kannst. Denkst du nicht auch, dass du die Welt damit ein wenig langsamer machen könntest? Ich denke schon, dass es funktioniert. Denn als ich den Weihnachtsmann heute Nacht etwas fragen wollte und er einfach an mir vorbeigerauscht ist, habe ich ihm genau das gesagt. Ich habe ihm erklärt, dass es gerade wichtig ist. Da hat er einfach gesagt, dass ich mit ihm mitkommen soll. Er hatte auch gerade etwas Wichtiges zu tun und konnte auf unserem gemeinsamen Weg trotzdem Zeit für mich finden. Und das war richtig gut!

Dein Weihnachtswichtel

Mein lieber Menschenfreund,

vielleicht hast du schon einmal davon gehört, dass die Weihnachtszeit eine Zeit des Zusammenseins sein soll. Doch gerade zu dieser Zeit haben manche Menschen so viele Dinge zu tun, dass sie ganz allein hin und her flitzen. Wünschst du dir dennoch ein wenig mehr Zeit mit den Menschen, die du liebhast? Wie fühlst du dich, wenn die Menschen um dich herum zur Weihnachtszeit nur wenig Zeit für dich haben? Sag es dem großen Wichtelhelfer an deiner Seite. Was denkst du? Könntet ihr nicht zusammen die Möglichkeit finden, an den Vorweihnachtstagen mehr Zeit miteinander zu verbringen? Vielleicht sprecht ihr eine Zeit ab, zu der ihr euch an einem festen Platz trefft. Ihr könntet ein Spiel gemeinsam spielen, ein Buch lesen oder einfach einen Moment Quatsch miteinander machen. Legt es zum Beispiel als festes Treffen vor oder nach dem Abendessen fest. Ihr könnt euch auch einen Wecker stellen, um diesen Moment nicht zu verpassen. Wie fühlt sich dieser Gedanke für dich an? Ist er beruhigend und schön? Erzähle dem Wichtelhelfer, wie du dich fühlst, wenn du weißt, dass ihr eine feste Verabredung am Tag habt. Und ich bleibe hier und lausche – in der Hoffnung, dass ich helfen konnte, euch die Weihnachtszeit noch ein wenig mehr zu versüßen.

Dein Weihnachtswichtel

Mein lieber Menschenfreund,

hast du dich schon einmal gefragt, woher die ganze schöne Weihnachtsdekoration in eurem Zuhause kommt? Sind dieses Jahr viele neue Dinge dabei oder steht Weihnachtsschmuck in deinem Zuhause, den du schon kennst? Viele Eltern stellen auch Weihnachtsschmuck auf, den sie bereits seit vielen, vielen Jahren haben. Oder sie erinnern sich gerne an die Dekoration, die sie als Kind selbst gehabt haben. Hast du dich schon einmal gefragt, welcher Weihnachtsschmuck deinen Eltern viel bedeutet? Frage doch den Wichtelhelfer an deiner Seite einmal, welche Weihnachtsdeko ihm besonders wichtig ist und ob er jedes Jahr Stücke aufstellt, die er bereits aus seiner Kindheit kennt. Überlege dir dann einmal, ob einige schöne Stücke hier in deinem Zuhause stehen, welche du als Erwachsener auch unbedingt hinstellen möchtest. Du wirst sehen: Irgendwann einmal wirst du dich daran zurückerinnern, wie dein Zuhause eigentlich zur Weihnachtszeit ausgesehen hat, als du ein Kind gewesen bist. Umso wichtiger und schöner ist es, dass du schon heute weißt, was du zu Weihnachten eigentlich gerne sehen würdest. Ich zum Beispiel stelle in jedes Zuhause, in das ich zu Weihnachten einkehre, mein winziges Schaukelpferd auf. Das hat schon meine Wichtelmama aufgestellt, als ich noch ganz klein war. Und ich weiß ganz genau, dass ich es wieder und wieder und wieder aufstellen werde. Und jetzt habe ich große Lust bekommen, es anzustupsen, damit es ein wenig für mich wackelt. Ich bin gespannt, welche Weihnachtsdeko dir ganz besonders wichtig ist und spitze die Ohren, damit ich auch kein einziges Stück verpasse. Bis morgen.

Dein Weihnachtswichtel

Impressum

Für Feedback, Fragen und Anregungen kontaktieren Sie uns gerne:

info@glueckskind-verlag.de

Printed in Poland
by Amazon Fulfillment
Poland Sp. z o.o., Wrocław

14182675R00065